이정희 시집

상상인 시선 *053*

하루치의 지구

시인의 말

나를 비껴간 한 끗들

천운이었거나 두고두고 아쉬운 것들이었을까

오늘은 한 걸음 더 다가가 보자

차례

1부 붉은 꽃 피우는 검은 소

건너가는 과정	19
한 끗 2	20
지구 레시피	22
카렌시아	24
책갈피에 꽂은 고양이	26
이 계절을 능소화라 부를까	28
독도 소나타	30
가을을 흔드는 손	32
구름 해부학	34
확신의 구석	36
호기심을 키우는 힘	38
공전하는 것들의 여름	40
걸레정석	42

2부 겹겹 낱장의 숨소리

하루치의 지구	47
우리의 난간을 난관이라 하자	48
입사각이 없는 나무	50
산을 넘지 않는 달	52
몇 사람이 있었던 흔적	54
수심을 버티는 숨	56
속 끓인 가시	58
매달려 흔들리는 귀	60
달을 건너는 창	62
드론 생존법	64
몇 겁의 불씨	66
봄밤 울리는 개구리	68
바퀴를 굴리는 자국	70
낱장의 어지럼증	72

3부 빛으로 열린 페이지

장마	77
가장	78
어디로 가야 할까요	80
숨겨 피우는 꽃	82
바람이 골라준다	84
쌍둥이자리	86
자전거 유서	88
잠을 잇다	90
오동도 그녀	92
등대가 홀로 피었습니다	94
이데올로기 풍선	96
찡그림이 맛이 되었네	98
거꾸로 하늘	99
계단참	100

4부 빙하의 연보 낭만 화석을 반납 중이다

나의 기타, 나의 등대	105
당신의 온도는 몇 도입니까	106
공중으로 봄	108
확신	110
바닥의 꿈	112
감꼭지 표정	114
개는 멀리까지 따라온다	116
꽃밥	118
어둠을 물리는 야간 경비원	120
여름 보관 방법	122
눈물 그리는 오후	124
그해 여름, 하늘색 원피스는 나의 하늘	125
추위를 탁본하다	126
너에게 이르는 길	127
유행 타다 사람 타다	128

해설 _ 건너가는 습관과 자세에 관한 시적 담론 131
이종섶(시인)

1부

붉은 꽃 피우는 검은 소

건너가는 과정

잘 엎드려야 비로소 앉을 수 있다

또 잘 앉아야 잘 설 수 있다

그러나 잘 엎드리는 일은
쉬운 일이 아니다

앉고 서고 눕는 일은
이 지구상의 습관이거나
종사하는 자세

부지런히 나를 엎드리는 중이다

끝내, 아무것도 남기지 않을 때까지

한 끗 2

우주에서 혜성 하나 날아오는 근심을
한 끗만 트는 모의를 하는 중이라는데

한 끗은 이쪽저쪽 어느 쪽도
옮겨갈 수 있는 일이라고
삐끗과 비교하는 일 따윈 없다
절체절명의 끝에서 살짝 구부러지거나
망종 무렵 껄끄러운 보리수염처럼
바람의 감각으로 긁히는 가시들은
한 끗으로 따갑다

한 끗으로 지금의 주변을 운용한다
순간순간이 비껴가고 마주쳤다
망설이고 주저한
변명의 서식지 같은 것이어서
한 끗의 간격은 천양지차
탄식과 탄성은 깊은 것으로 다르다

한 끗을 받아들여 이은 그 끗들의 끝
때론 스스로 선택하지 않았지만

예견도 집착도 할 수 없는 끗을
혹시나, 역시나
이미 난 결론에 우물거리거나 체념하는

나를 비껴간 한 끗들
천운이었거나 두고두고 아쉬운 것들이었을까

지구 레시피

악천후를 벗어나 바삭해진 구름들

전 세계에 걸쳐 요리가 필요해

베링해 연안의 조개와 안데스산맥 기슭에서 자란 버섯을 따와서 북극곰이 얼음 밑에서 잡아 올린 물고기의 온기와 감미료 하나 섞지 않은 황제펭귄의 부성애를 곁들이면 누구도 따라올 수 없는 푸른 별의 재료가 되지

사하라 태양으로 불을 지피고 노르웨이 오로라로 간을 맞춘 구름, 북극 유빙으로 튀김옷 입혀 벼락 맞은 바오밥나무 젓가락으로 뒤집으면 갠지스 글썽이는 구름과 티베트 초원의 말발굽 소리는 제례祭禮용으로 적당하지

각국의 국경과 펄럭이는 깃발에서 저마다 다른 향신료 맛이 나지 통곡의 벽과 팔레스타인의 높고 높은 장벽과 침몰하는 가자에서 코끝 찡한 맛
〈

알프스 들판 한 자락 얇게 펴놓으면 환한 꽃이 만개한 식탁, 시베리아 자작나무 햇살을 살짝 얹고 싶어져

 한입 베어 물면 바삭한 지구
 세계의 말투들은 모두 구름튀김 같고
 감사기도 속에 맛있는 각국의 말들

카렌시아

한 평 붉은 천 조각이
태양의 정문인 양 펄럭거리고 있겠지
돌진하며 빠져나갈 곳은
다혈질 보자기 저쪽이라지만
아무리 들이받아도 허방인 적의敵意 바깥이라는 것을

우중충하고 바람마저 느껴지지 않는 하늘 어디에 구원이 있다고 하잖아 돌진할 대상은 늘 한걸음 옆으로 비켜서 있다는 것을 우리는 모르지 치욕스럽다는 것은 내 뿔이 아직도 건재하다는 거야 함성은 이미 정해진 승부를 응원하고 계속해서 허방을 들이받으라고 아우성치지만 찔끔, 홀씨 하나 흘리고 말았어 가중加重을 완전히 잊은 공중을 무수히 들이받던 홀씨였어 더 강한 뿔을 만나 뒷걸음을 치기도 했지만 아주 조금 땅을 들이받고 꽃 피우는 그런 뿔이었어

너희들의 의기양양에 뛰어들겠어
나의 마지막 기도가 되겠어
펄럭이는 놀이를 하느니
붉은 꽃 피우는 검은 소가 되겠어

〈
무릎을 꿇지 않겠어
나를 포기하는 일 따윈 없어
괜찮아

책갈피에 꽂은 고양이

의뭉스런 겉표지 빽빽한 문장 틈으로
길고양이가 뛰어들었다
목에 방울을 채우는 일은 쉬운 일이 아니다
등뼈 물렁한 음절로 생겨나
말 닮은 문장이 책갈피를 옮겨 다닌다

단락을 놓치면
귓속 반고리관 섬모에
선명한 오해로 남아 내일이 불안하다
내 감정이 배제된 음절
논리의 변이로 엇박자를 낸다

송곳니로 부사의 목덜미를 물어뜯고
호기심 가득 찬 매서운 눈은
물음을 구걸하지 않는다

비밀이 넘나드는 책장
뭉텅이 긴 소문을 삭제한 흔적이 보인다
짧은 단락 사이 잠겨 있는 어지럼증
난독의 행보는 갈 길이 멀고

표절이 눈치 없는 발목을 잡는다

자주 길을 잃는 막다른 골목
페이지를 나눈 쉼표
목록 어디쯤 조연으로 사는 길고양이
책갈피 몇 번지에 사는지 아무도 모른다

이 계절을 능소화라 부를까

흐릿한 가능성과 눈물 나는 고독이
원본을 발화시켜 설렘을 키운다

모세혈관을 자극하는 빨강으로
시선을 빠르게 낚아채고
기다림은 담장을 넘어야 할 이유

거미줄 골목길이 열리고 닫히는 사이
뜯지 않은 마음 통째 전달하고
바람 등에 기대 귀를 활짝 연다
아름다운 기억이 환해질 차례
착시현상은 속성으로 무디거나 부풀었다

천 개의 바람으로
목을 길게 늘어뜨리는 역류
바닥은 안 돼
튼튼한 마디 골라
딛고 일어서는 맨발
비틀어 올라서도
비어져 가는 대답

깊이 숨겨놓은 향기
바람결에 싣지 못해 목젖이 떨린다

모르는 척 돌아서는 꽃잎으로
그네를 탈 수 있어

뿌리에 갇힌 붉은 여운은
거꾸로 읽히기 일쑤

오늘은 한 걸음 더 다가가 보자

독도 소나타

독도가 휘파람을 불면
짧은 발로 뒤채는 파도가
워낭을 울리며 섬으로 돌아온다
연보라 해국이 해맑게 웃는
깎아지른 절벽을 향해
온몸으로 부딪치며 튀어 오른다
파도의 월광 소나타
괭이갈매기는 식구를 모으느라 끼룩거리고
훨훨 나는 슴새 바위굴로 찾아든다
붉게 노을 진 하늘과 바다는 한 덩어리
젖지 않은 태양은 바다 깊이 파고든다
태백의 긴 뿌리를 베고
곤한 잠자는 집 한 채
육지와 나란한 어깨 처음부터 하나였다
코발트 싱싱한 풀을 먹이기 위해
목숨 걸고 지켜낸 땅
보름달 둥근 바퀴가 수면을 굴러다닌다
물비늘로 몸을 닦은 독도
바위틈 사이 갯메꽃 개아재비의
싱싱한 노래를 껴안고 새 아침을 맞는

혀가 긴 바람
성인봉에서 우산봉까지 한달음에 핥으면
나리분지 꽃향기가 선걸음으로 달려온다
독도야 안녕

가을을 흔드는 손

거친 삼베 조각들 그대로의 표정을 다 드러낸다

다양한 햇살의 생김새
연약한 연두에서
보드라운 꽃송이까지
해쓱해진 계절도 햇살의 개성임이 틀림없다
햇살의 담금질은 식물의 온도가 된다

초록 온도가 붉게 바뀐 고추는
안을 지피는 햇살로 가득 찼기 때문이다
햇살은 온갖 존재에 깃들지만
그들의 임계온도를 벗어나지 않는다

가을이 오면 나뭇잎들은
왁자한 새소리가 떠나면서 거칠어진다
그건 얇고 두꺼운 겹겹들에 쟁여진
햇살이 사라지면서 생기는 일이다

물은 물대로
사람은 사람대로

공중을 차지한 존재들은
정해진 순서대로 사라지는 중이다

가려운 등을 문지르던 엄마 손바닥
손등의 햇살이 기척 없이 떠나가고
지근거리던 숨소리가 거칠다

피가 애끓는 계절이다

구름 해부학

물소리를 키우던 구름 몸부림쳐도
골든타임을 놓쳤다
그 흔하던 혈기도 역부족
회복이 불가한 때늦은 후회

주변 도움으로 소독약 냄새 그득한
낡은 해부학 교실로 옮겨졌다
마취제가 필요 없는 통증
뒤척이던 어제가 낱낱이 해부된다

바벨탑의 저주를 받은 후손
철새처럼 서로 말이 달라
한통속이 되는 데 한계가 있었다

부검의가 부유물을 가르고 꼼꼼하게 체크했다
슬픈 나락이 뭉쳐 뒹굴고
이별을 위한 이별만 빼곡하다

검은 띠 얼룩은 암전으로 오래 남아
징후가 심각하다는 기록

〈
구부러진 허리로는 어쩔 수 없어
자주 아래로 쏠렸던 아버지처럼

멈추지 않는 기침과 들락거리는 의식
얇은 낱장 안에 갇힌 눈동자
셀 수 없는 의문부호만 남았다

허공을 떠돌며 꽃 피우던 구름이
잽을 날리고 있다

구름의 반격은 아무도 모른다
모르는 척한다

확신의 구석

세상에 내 편 하나 없다고 느낄 때
구석은 얼마나 웅크리기 좋은 곳인가
구석은 모든 난감의 안식
불가항력과 자포자기를 모색하기 좋은

벽을 마주 보고 앉는다는 말은
벽도 앞이 있다는 뜻이겠지
앞을 놓고 보면 깊은 뜻 하나
싹 틔우자는 뜻일 테고
귀를 틀어막고 등지고 앉으면 슬픔 가득한
밀리고 밀린 뒤끝이란 뜻이겠지

닭장 문을 열면 닭들이 구석으로 몰리는 것은
막다른 구석도 문이 될 수 있다고 믿기 때문
한밤중 옥상에 나가면 흔들리는
이곳저곳에서 붉게 빛나는
저 퇴로를 자신하는 구석들

어둠이 숨겨놓은 문이 있다고 확신에 찬 구석들
흐릿한 별들의 바탕, 무표정한 하늘

너무 먼 그곳을 구석이라 여기지만
한밤에 구석을 찾지 못해 우는 사람들

적막과 대치 중인 이 골목은
한 사람의 발등을 막 넘어선 구석

호기심을 키우는 힘

두 손으로 지상의 달빛을 모아 줄 때
땅속의 감자는
한여름의 폭염과 맨발의 바람
붕붕거리는 파란 하늘과
무당벌레 날개에 찍힌 접점을
궁금해하는 힘으로 굵어진다

하지 무렵 감자밭에 흙이 조금씩 양보해
동그란 구革마다 눈이 붙는다
붙임성 좋은 감자는
보라색 꽃을 잠망경으로 올려놓고
속셈이 다른 애초의 모서리를 버리고
둥글게 제자리를 키운다

반듯이 누워 있는 빛을 더듬어
오방을 확장시키는 감자

빈곤한 구석을 뛰어넘어

숨 돌린 가난을 받아먹고

몸집을 부풀리는 부르튼 입술
통통하게 부은 가장의 발이
두덕두덕 자란다

막 열도에서 돌아온 감자
우리들의 서사를 베낀다

공전하는 것들의 여름

비 내리는 날은
기 살 튼튼한 포자들이 둥둥 떠다닌다
겉이 아니라 속이 커지는 것들
여름의 그 바깥이 조금,
아주 조금 튀어 오르는 계절이다

공중 비박 하는 아찔한 호박들
푸른 우산 받쳐 들고
넝쿨들은 쥐똥나무 담장을 오른다
집열판 잎맥이 열려
햇살이 빠르게 충전된다
초록 피가 솟구친다

연한 꽃잎 살결은
단 하나의 소망을 예비한 것
구름 낀 행성이 바닥을 밀어내고
덩굴손은 잴 수 없는 높이로 건너뛴다

노랗게 부르튼 입술은 햇살을 바지랑대 삼아
끊임없이 허공을 들어 올린다

꽃의 대답인 듯 포물선 끝에
둥근 이웃이 새로이 발견되고
담장 허문 웃음으로 재충전된다는 소문이
바글바글 여물어간다

어쩌죠, 호박마을 넝쿨이
애기를 낳았다는 소문

걸레정석

한 집안에서 가장 낮은 계급인
걸레, 엎질러지고 더러워진 곳이라면
가리지 않고 득달같이
달려들어 닦고 훔치는 존재
그런 걸레에게 꽉 쥐여 짜이고
헹궈지는 변명들이 있다

타인의 눈과 입을 통해
귀로 발각되는 나
더 높은 곳으로 밀어 올리던 까치발은
온전히 나의 것이 아니다

몇 개의 계급을 정해놓고
돌려쓰기를 하는 사람들
계급의 행간에 붙어 있는
굴욕은 모르는 일이라고

얼룩지고 더러워진 것 앞에서
무릎을 꿇는 걸레
〈

그날이 그날인 날들을 헹구어가며
남은 생이 재사용 된다
알고 보면 가장 맑은 물만 골라
헹구어지고 또 헹군다는 명분이 있다

그리 지워도 모르나 본데
지워지지 않는 얼룩들이 아직 남아 있어

2부

겹겹 낱장의 숨소리

하루치의 지구

초침이 세운 알람 소리에 지구의 정각이 표시되고 마지못해 뜬 눈꺼풀 사이로 지구가 돌죠 우두커니 서 있던 공중이 레미콘 차량 속에서 타설을 기다리며 어젯밤의 지평선과 수평선이 섞여 돌아가죠 하루라는 것, 일 년이라는 것, 혹은 평생이라는 것, 알고 보면 붙들지 못하는 계절처럼 그리 대단한 것도 아니죠 저마다의 그림자를 섞으며 얇은 잠을 열고 나오는 것이죠

지구는 며칠을 한꺼번에 돌리지 않죠 딱, 그날 하루치만 열심히 열고 닫는 일로 바쁘죠 고리도 없이 연속으로 표류하는 하루를 안간힘으로 붙들고 버티는 거죠 가끔 뻔한 일의 반복 학습으로 전혀 예상치 못한 한쪽을 늦추거나 당기며 분탕질하기도 하죠 불시착한 햇살은 사막이 되고 너울져 흐르는 물은 굳지 않으려고 23.5도 기울기를 끌어안고 빙빙 섞이죠

우주 끝자락을 잡고 번번이 이탈하려는 지구는 아무 재활도 없이 또 하루를 견뎌야 할까요 사람에 갇힌 지구, 지구를 소비하는 우리

우리의 난간을 난관이라 하자

도시의 봄은
가장 먼저 난간에 도착한다
얼었다 녹은 바람의 표정이 바뀌고
내놓은 화분들로 고양이들의
밤 보행로가 막힌다
당분간 이 난간을 넘어가는
욕설이나 고성은 없을 것이다

우린 우릴 잘 몰라
착각 따위로 욕심냈을 뿐인데
경계의 안과 밖으로
흔들림 없거나, 흔들려 보거나
당신의 구원을 기다리거나

안과 바깥의 결별을
우리는 언제부터 절벽이라 했을까
아슬아슬한 것들이 웃자란다고
행여 발 디딜 생각을 말라는 귓속말이
우리의 난간을 위협하곤 한다
그러니 난간을 난관이라고

말하지 말 것

가끔 뒤채는 기형의 봄이 무너지면
바깥이 안쪽을 간섭하기 시작한다
안도 바깥도 아닌
이쪽저쪽을 기웃대다
난처한 난간이 된다
당분간 어느 쪽도 아닌 나는 주변이다

입사각이 없는 나무

노간주나무는
바람의 조경調經을 받는다
햇살의 가위질은
자를수록 자라나는 이상한 가위질이다

나무는 굵은 뿌리 잘리고 하얀 실뿌리를 마사토에 묻었다 밤 외출은 위험해서 꺾이고 동아리는 시간 낭비라 잘리고 비전 있는 전공으로 칭칭 감았다 명품 틀에 맞는 성형, 무지개 스펙을 달았지만 불안이 조금씩 자랐다 가위 환영이 꿈속까지 쫓아왔다

분재는 감상의 눈길이 조명이다
언제라도 딸깍, 끄고 켤 수 있는 조명은
태양의 입사각이 없다
여과 없이 달빛을 받고
땅속 깊이 박은 뿌리로
잘려 나간 물길을 끌어올린다

삐쭉 내민 계절 잘리고
봄볕 날개 빌려 꽃 피운 아이

뉴욕 상점가를 거쳐
강남 백화점으로 싱싱한 외출 서두른다

잘린 것들을 다시 주워 담는 아이
누구의 명품 아닌 명품

산을 넘지 않는 달

계단이 주성분인 빌딩
하늘을 파먹으며 키를 늘이고
달을 꼬챙이에 끼우거나 잘라 먹는다
빌딩을 해부하면
달의 뼛조각들이 쏟아질 것이다

도시의 달은 산을 넘지 않는다
무수한 옥상들을 건너고
불 꺼진 창문을 만월로 지나간다
새로운 종족인 양 야행성의 간식들이
집집마다 배달된다
미처 다 채우지 못한 포도알 쿠폰을
전전하는 도시의 달은
냉장고나 싱크대 어디쯤에서 잊혀진다

지구의 공전을 따라 달은
돌고 또 돌아간다
부메랑은 방향을 바꾸어도
모퉁이에 부딪히고
〈

가끔, 달은 오토바이에 실린 빈 그릇처럼
포개지고 덜그럭거린다
그러다 언젠가는 산산조각 날 것이다

창문을 타고 넘은 불빛들
좁은 골목에 옹기종기 모여 있다

공사 중단으로 방치된 철골은
점점 어둑한 구석이 되고
구석을 잠근 병원이 차가운 손을 내민다

도시의 달이 한동안
깁스를 하고 입원 중이다

단 한 사람이라도 마중 나와 기다린다면

몇 사람이 있었던 흔적

언제 저렇게 빠져나갔나
저기, 헐렁한 사람이 느슨하게 앉아 있네
뜻 없는 말과 알아듣지 못할 말만 중얼거리네

가득한 주름으로 보아
적어도 몇 사람은 빠져나간 듯
아니, 내보낸 흔적 같네

다복한 가족은 모두 어디로 간 듯
그 많던 이름이 소실되어 고요하네
수없이 들먹거렸을 얼굴과 기억들을
짧은 숨처럼 말끔히 지우고

왁자한 사람이 빠져나간 사람
누군가의 회상으로 들키는 기억
온통 모르는 일과 모르는 사람들로 가득하네

기억을 어루만지던 사람들은
문밖을 기웃대거나
계절을 털어내며 잊혀 가고 있네

〈
이유 없이 잦아드는 사람
항고 없는 기억들이 텁텁한 바람을 맞네
솟구쳐 오를 일 없다는 듯

사람 향기 잃은 앙상한 사람이
사람 냄새를 기다리네

내 것이지만 내 것이 없는

수심을 버티는 숨

강물이 마른 후에 보았다
물속에 반쯤 잠긴 바위들은
그 반쯤의 무게로 제자리를 버틴다
줄다리기를 하는 양쪽 사람들
있는 힘껏 줄을 당기지만
발들은 끌려가지 않으려고 고정한다

버틴다, 몇 날을 버틴다
파도의 깨문 입술이 일그러지고
마지막 숨이 관통할 때까지 버틴다
제자리는 저마다의 중심이며
저쪽이 아닌 이쪽이라는 듯이

버티는 힘은 무엇을 넘기거나
끌어당기는 것이 아닌
아무 일도 없다는 듯 견디는 것이다
미동도 없다는 말은 지극히 버티고 있다는 뜻

소용돌이를 견딘 수심
아슬아슬 비켜 간 길목

〈
얼마나 버틸지

거스를 수 없는 궤적이 덮쳐도 팽팽하게 조인다
꿈은 살아가는 것들의 숨

한순간도 포기를 포기한 적 없다

속 끓인 가시

입을 꼭 오므린 가시
속 끓인 증거다

슬픔이 발효되어 무덤덤한 것들
바깥을 향한 적의라고 여겼으나
어수룩 벽을 세운 것이다
제 속이 찔릴 것 같아
서둘러 바깥으로 내보낸 것이다
바람과 봄볕에 연약한 곳이 있어
번갈아 따가운 봄
알고 보면 가시들의 종류라는 것
다 끝을 두겠다는 다짐이다

가시에 갇혀 있는 편견들
그 끝부터 부서지겠다고
가장 얇게 갈아 둔 결연한 절규

안쪽을 모르는 가시들
간혹 적막한 속이 쓰리고 따갑다면
삼켜진 가시들이 서둘러

몸 밖으로 나오려는 징후다

어떤 꽃은 가시를 옆에 세워두고
꽃의 입구를 자처한다
꽃 피우는 비릿한 진통
외면당한 분절음에 숨어 녹는 울음

사람의 문을 겨냥할 때
속 끓인 가시 하나

매달려 흔들리는 귀

첫걸음부터 가파른 벼랑
쉴 새 없이 몰아치는 속도에 귀가 먹어
이명에 길들어 가는 중이다

고삐 매여 끌려가는 기차의 악다구니
소리에 기대 사는 담쟁이
수신호 없이 철가루 척척 달라붙은 울음
마시고 들이켜도
잎은 맥없이 흔들리고

하필 이곳일까
철길 방음벽에 기대 난청을 앓던 담쟁이
얼크러진 손으로 귀를 막아보지만
허공 모서리 속속 파고드는 신호음
가물거리는 주파수를 붙들고
벽 속 깊이 파고든다

허공에 살지만 허공에 닿을 수 없는 귀는
과부하로 두통을 달고 산다
〈

수만의 귀를 달고
무자비로 자라는 소리샘이 있어
풀벌레 노래는 희미해지고

난청도 하나의 의사소통

발목을 매단 채 달아나는 귀
경직되어 가는 허벅지

달을 건너는 창

길게 이어지던 차량의 후미등과
몇 곳의 정류장을 갈아탄 노선들
세상의 틈 사이로 건너가고
산길 하나 길게 끌고 들어간
오지의 마지막 집도
무논에 물꼬를 트듯 길을 낸 도로변 집도
모두 탯줄 같은 길을 달고 있다

산 넘어 봄을 향해 천막을 걷고
살림살이를 실은 트럭
파릇한 목초지를 열던 문이 닫힐 때
멀리까지 따라나서던 먼지의 길

허기 곤두선 생계의 저녁을 따라가면
햇살이 달구다 만 따뜻한 문들이 있다

늘어진 달이 밝히는 저녁의 창문들

종일 오르막을 달린 사람들이
느슨하게 풀리는 곳

너무 많은 골목과 나선형의 불빛들로
가끔 기우뚱거리기도 하지만
하루의 끝은 대부분 익숙한 시간이어서

지구의 기울기를 따라가지 않는 문
비로소 내가
나로 가득한 집

드론 생존법

찰칵
저물녘 이미지 찾아 나서는 드론
날개 파닥이며 그림자를 쫓아 나선다
숨어 있던 변이가 불쑥 솟구치면
더 단단해지는 호기심
촉수에 걸린 어떤 것도 놓치지 않겠다고
넓은 시야를 구석구석 누비며 읽어낸
찰나의 감성이 신속하게 전송된다

바위틈에 얼굴 내민
푸석한 할미꽃의 떨림을 채집하고
뜬소문의 진원지와 폭식한 거품까지
간결한 이미지로 표현한다
분리 불가한 변명이
구원으로 읽히는 생애
억겁의 시간으로 조각한 민낯을
샅샅이 읽어낸다
한 컷도 허술하지 않은 근거리 밀착 취재
정처를 둔 기자처럼 사명감이 띈다
〈

먼 거리 어머니의 고운 꽃밭
줌으로 당겨 치열한 생존을 본다
살아볼 만한 세상 그저 받는 것은 없어
둥근 입처럼 치고 매달린다

바람 등에 올라탄 숨 가쁜 눈
숨은 것을 다 찾아내겠다고

몇 겹의 불씨

돌은 불의 혓바닥
시간의 연대에서 굴러떨어진 돌은
한 곳을 버티는 고집이 생겨났다

돌과 돌이 부딪치면 알 수 있다
그 속에 여문 불의 씨가 있다는 것을
무수한 바위들이 다
불씨들의 공장이라는 것을

깨어나려는 불씨를 주체할 수 없어
자주 물가로 향해가는 돌들이 있다
물에 쓸리고 닳아
결국엔 모래 알갱이가 되어
품고 있던 불씨를 다 꺼버리는
돌의 소화력에 대해 알게 될 것이다

그러나 대부분의 돌들은
제 속의 불씨를 끄고 안쪽을 앓는 존재일까

돌의 단층을 보면

꾹 참아낸 불의 표정이 보인다
결결이 차가운 것과 뜨거운 것으로
몇 겹의 시차를 두고
망설이고 뒤척거린 결이 있다
돌 속 불은 부싯돌 섬광으로 켜졌다
재빨리 돌 속으로 되돌아가고

저기 저 불의 DNA들
내밀한 곳에 불덩이를 저장하고
꿋꿋하게 제자리를 지킨다

봄밤 울리는 개구리

봄밤의 이파리인 양
개구리울음이 돋아나 팔랑거린다

앞뒤가 없는 말에서 꼬리가 생겨
잔뜩 움츠렸던 꽃들이 폴짝 뛴다

토막토막 쳐놓은 논
그 논물에 가둔 길옆 포플러나무와 앞산 자락
가끔 달려가는 시외버스를
퐁당, 동그란 파문 하나로
지워버리는 개구리들
저 두서없는 요란에
꼬리와 뒷발이 역할을 바꾸는
봄밤의 마술이 시작될 것이다

흙 묻은 옹알이들에게
틈틈이 부푸는 숨
벚나무가 펼쳐진 논물마다
아기 이 같은 꽃을 잔뜩 슬어놓는다
〈

햇살의 담금질은 하루하루
일어서는 봄날을 탁발한다
모든 절기와 계절엔 천적들이 있다
동반현상과 동시다발이
어지러운 것 같아도
여름 입구까지 다 동행이다

숨고 싶은 봄밤은 등과 배가 매끄러워
네발 물갈퀴가 따뜻하다
말간 초록이 말문을 트는 이곳, 봄

바퀴를 굴리는 자국

집요하게 바퀴를 따라가는
바퀴 자국들, 한 번도
바퀴를 앞질러 간 적 없는 자국에
흔적들이 가득 들어 있다

흔적은 때때로 뜨거워지고
미끄러져 급정거한다
정확한 지점에 바퀴를 세우는 제동력에
짧은 스키드마크가 들어 있다
때론 깊게 휘거나 엉키는 자국이 생기지만
그건 갑작스런 바퀴의 난처를 따랐을 뿐

바퀴는 굴러가지만
자국은 굴러간 적 없어도 혐의를 받는다

바퀴는 무수한 속도가 달아오르다
식어가곤 했지만 바퀴 자국도
그에 못지않은 진창과 적설량이 들어 있다
경사지는 좀 더 설득력 있는 바퀴가 필요하고
자국은 목전에서 헛돌기만 한다

〈
자국 없이는 한 뼘도 앞으로 나아갈 수 없는
바퀴들, 언제나 바퀴의 정지선에 걸려 있다
자국들은 줄기차게 진창과 먼지 속을 달려
바퀴가 지나갈 수 있는 길을 만든다

번듯한 길에 익숙한 나
일시 정지, 급브레이크가 필요한 하루
흔적에 갇혀 있다

낱장의 어지럼증

달팽이는 배추를 갉아 먹고 자란다
그러니까, 배추가 소용돌이를 키우는 것이다
아삭아삭, 그건 소용돌이가 자라는 소리
이파리를 폭식한 실핏줄들
이렇게 많은 어지럼증이 있었구나
싱싱한 소용돌이를
다 먹어 치우는구나

오전 내내 쪼그려 앉아
달팽이를 잡는 손바닥에서
회오리 돌기가 얼키설키 엉킨다
하루를 다 털었는데도 우묵한 절기를 좇는
느린 손놀림을 비웃는다
흡반처럼 물고 놓지 않는 뒤척거림
그늘에서 얻은 회오리 패각을
나선형 생태를
자웅동체로 돌고 있는 이마 속 빈혈들
가지런한 낱장, 갈피를 따라가면
밭고랑에 눌러 놓은 이명이 소복하다
〈

지루한 권태 속에 사는 귓속 달팽이들
팽팽한 말을 다 갉아 먹는다

산란한 속앓이를 달팽이에게 옮기고
겹겹 낱장의 숨소리를 틀어막는
무채색 돌기
엉켜버린 방향 어디
중력을 꼭 쥔 어지럼증들

3부

빛으로 열린 페이지

장마

 오늘도 무사히 저녁 입구에 당도한 사내, 포장마차에 붙들려 어묵 안주에 소주를 들이켠다 흔들리는 백열등 아래 연일 계속되는 비, 구름 술잔은 깊어 이슬 꼬리가 길게 방울진다 사내의 혀는 사선으로 굴릴 수 없어 한없이 질척거린다 상념을 껴안은 벌건 취기, 허세를 키운다 식도를 타고 흘러내리는 술, 위장에 물보라를 일으킨다 실핏줄 깊숙이 파고드는 불안과 연민으로 꼬불꼬불 소장이 범람한다 울화가 치밀어 번개를 치지만 처음처럼 참이슬만 부어댄다 지루하게 잠긴 비의 사슬이 걸음을 칭칭 묶는다 젖은 어깨에 흥이 달아올라 꼴깍, 수위를 넘는다 소주꽃, 거침없는 하이킥

가장

 흐르는 것의 지표가 된 바위, 한 백 년쯤 시간이 흐르면 겨우 옆구리에 긁힌 흔적이 생겼다 물의 살을 고르는 지휘자, 넓적한 허벅지 힘줄은 중심축으로 단단하다 그동안 강은 한 번도 마른 적이 없어 청태가 낀 여름이면 푸른 별처럼 몸 한 군데가 미끄럽고 슬그머니 빠져나가고 싶은 부드러운 곳이 생겨났다

 바람은 하찮고 비는 여름 이불처럼 눅눅하고 번개는 동족이 아니라 가벼운 푸념으로 취급되지만 이것저것 가만히 끌어안으면 바위도 아랫목인 양 따뜻해질 때가 있다

 물이 마르는 가을쯤 되면 물의 단층이 드러난다 바위에는 한쪽으로만 흐른 시간이 있다 다만 겨울이 되면 온갖 추위들이 바위 속으로 숨어든다 물의 껍질인 양 얼음이 달라붙어 봄까지 위성처럼 빙빙 돈다

 사람은 순환하고 바위는 제자리를 더 단단히 고정한다

〈
가벼운 것들로 가득 차 무거워진 그는
뿌리는 없지만, 가장 무거운 뿌리로
식구들을 고정 중이다

어디로 가야 할까요

로터리 난로 위 물이 끓는다
가끔 들리는 헛기침들, 마음은
저 끓는 주전자 뚜껑처럼 들썩이지만
아직 열릴 때가 아니다
가만히 숨죽이면
땅땅 망치 소리며
쓱싹쓱싹 톱질 소리가 들린다
각자의 연장 하나로 두들기고
썰고 쌓은 소중한 뒷배들이 맞물려 있다
열리는 문소리는 자꾸 순번을 밀어내고
도시의 구석구석은 오늘도 웃자라
튀어 오르고 허물어진다
순번을 호명할 때마다
망치 톱 드릴이 손을 번쩍 든다
이 중 어느 것 하나만 빠져도
현장은 공치는 날이 될 테지만
막대자석처럼 길게 앉아 서로를 밀어내다 보면
승합차들이 하나둘 떠나고
허드렛일만 남는 인력사무소
도시의 뼈를 세우고 살을 붙여온 사람들

아직도 까무룩한 심장이 뛰고 있어
여전히 새벽을 전전한다
어깨 위 굳은살로 쌓은 층층에
실낱같은 먹줄이 그어진다
자욱한 겨울 안개가 첫새벽 반짝 일과를 마치면
무뎌진 연장들처럼 민망한 얼굴들
철사로 단단히 옭아맨다
그래도 허탕 치고 돌아오는 하루를
받아줄 계절이
푸념처럼 곳곳에 있다

숨겨 피우는 꽃

치매 걸린 노인은
자꾸 무언가를 숨긴다
숨기고 돌아서서 금방 잊어버리는
이미 자신도 어느 망각 속에
숨어든 것을 모르는 듯
온갖 틈에 숨기려 한다

노인의 평생이 숨기는 일이었다
흙물 배일 정도로 기다림을 키웠다
봄만 되면 땅속에 씨앗들을 숨기고
푼돈을 숨겨 새끼 돼지를 끌고 오거나
꾹 참았던 씨앗이 꽃 피는
열매의 전보를 흐뭇하게 바라보는 일이었다
어제를 오늘 숨기고
즐거웠던 것들과 슬펐던 것들을
숨긴 곳에 또 숨기고
들킨 곳에서 또 들켜지는 파종법
한번 숨겨놓으면
해마다 들켜 색색으로 꽃피는 일들
멧비둘기가 파먹은 오해가

꽃피는 일로 들키는
그런 일들처럼
가끔 제정신을 들키는 사이
폭설이 내리고
몇십 년의 봄이 훌쩍 지나간다

시간은 몇 배속으로 제자리를 돌아
꽃피울 내일이 남아 있다고
흔들림으로 숨는다

바람이 골라준다

텃밭 귀퉁이를 털면
그중 들깨가 팔 할이고
늦가을 부서진 구석이 이 할쯤 된다
그것들을 골라내려
선풍기를 틀었던 일처럼
봄에 싹트는 씨앗과 풀씨들은
다 바람이 골라내 준 덕분이다

공중에는 입 다문 풀밭이
바람의 편차나 순차에 순응한다
이동 경로가 뒤섞이면 잡풀들이고
뭉쳐지면 군락지다
바람 범벅인 허공으로
천지간에 종횡하는 분간들
홀씨들과 박주가리 씨앗들은
틀림없이 분간을 배운 것이 확실하다

조금의 무게라도 있어
바람의 보풀이 되지 않는 씨앗들
인간의 모종법과 직파법은 엄두 내지 못한

풀밭의 부지런한 경작자는
바람이다

바람결이 땅거죽 틈새로 숨어드는 날
씨 뿌려 추스르는 아버지 밭이
짙푸르게 일어날 것이다

쌍둥이자리

갈라치기하는 사람들
내 편이거나 네 편이거나
상황에 따라
괄호 안이 되었다 밖이 되었다

끓어 넘치는 소통
그림자의 모서리를 모르는 말들이
창에 그득그득
맞잖아 내 말이 맞지

다른 편이 되어 외면당하는 사람들
목청을 높이고 피켓을 들지만
경사가 다르다는 이유로 등 돌려
경계 밖이 된다

누구여서 밀어내고 껴안는가

속속들이 잘 아는 것도 아닌데
같은 처지가 되어 한편이 되는 것은
분명 쌍둥이자리일 것이다

〈
거뭇한 바깥을 떠돌다
불이 난 얼굴로 굳이 말하지 않아도
고개를 끄덕이는 것은 쌍둥이자리다

순식간에 뒤집어 버리는 버선목
낯설 뒤에 가려진 진실은 모르는 일
결국은 잊혀진다는 사실

한철 허밍이 대세
우리 편만 모여라
좋아요와 구독은 필수

자전거 유서

까마득한 거리를
얼마나 느린 속도로 달려왔는지
자전거 페달을 거꾸로 돌려본다
익숙한 외로움은 거슬러 갈 순 없지만
체인을 맞물리며 머뭇거린 시간만큼
타닥타닥 어제를 감는다

구름이 필름처럼 감기는 오후
뜻대로 살아보지 못한 상처가
바큇살에 감기기도 하여

서걱대는 비포장길
그 등줄기의 중심을 잡으며 계절을 순환했다
쏜살같이 달아나는 시간의 마디가 출렁거려도
뒤돌아볼 겨를도 없이

죽음이 끌고 온 빈집
땀내 사라진 마당 곳곳에
무성한 잡초가 몸을 털며 일어나고
맞물린 체인도 녹슬기 시작했다

바짝 마른 몸끼리 서걱대다
끝내 이탈한 채 어떤 무늬도 새길 수 없는
낮과 밤이, 계절이 한 축에서 멈춰 섰다

헛간에 기대 있던 자전거가
아버지를 인쇄하여 퍼 날랐다

그 누구도 읽을 수 없는 유서

잠을 잇다

 잠에서 잠깐 깬 사람이 다시 까무룩 잠을 잇는다 고리를 잇는 시간들이 몽롱의 대기권 안에서 꿈결처럼 돈다 먼 곳을 다녀온 듯 피곤한 몰골로 잠 밖의 시간과 상황을 살피고 다시 표정 없이 아늑한 잠 속에 가닿는다 형체도 없는 비몽을 껴안고 새벽을 뒤척인다

 겨울, 뱀 한 마리를 돌돌 말아놓고 봄까지 잠이 든 굴을 어쩌다 파헤친 적이 있다 굴은 난처한 듯 환해지고 뱀은 아직 봄이 아니라고 저의 똬리를 풀지 않았다

 우리는 비몽과 사몽 사이로 잠을 옮기며 사는가 제자리로 돌아온 생시와 어둠에 봉인된 몽롱을 잠 밖까지 풀어놓으면 의식 밖의 일이 된다

 어느 순간 훅 덮치는 야생의 잠, 나이면서 나 아닌 채로 몽롱해져 꾸벅꾸벅 봄날을 끄덕인다

 길고 긴 잠이 마중 나올 때까지 잠간의 부재들은 이불을 덮거나 혹은 생사를 걷어차기도 하면서

〈
동행 없는 그 잠은 평안하신지?

오동도 그녀

퍼즐을 맞추는 구름
희미한 윤곽으로 몰아치는 바람의 파동
어느 곳에 앉을까 고민도 없이
절박한 섬에 뿌리내린 그녀
섬의 부력을 믿기로 한다

벼랑에 뿌리를 묻고
어금니 검붉은 가슴을 연다
설익은 태양, 재촉하는 현기증
번개를 움켜쥐었던 불안을 밟고
텅 빈 무게로 섬을 키운다
피안을 끌고 오는 바람에 실려
거침없이 달려드는 비릿한 소문들
새벽 미열에 암담했던 내일

어둠 낚는 연한 살빛
짧게 다녀가는 발길은 안타깝기만 하여
햇살 고르던 이마가 발개진다

칸칸 묻어 둔 한숨이 잦아들고

절벽 끝자락에서 멈춘 걸음
열꽃은 엄두 내지 않았지만
설레는 심장이 두근두근 꽃이 핀다

오래 견디는 결핍 끝
해쓱해진 그녀가 붉게 그녀를 껴안는다

체념이 붉다

등대가 홀로 피었습니다

야트막한 언덕 위
덩그러니 솟은 외눈박이
초점 없이 점멸의 고백을 전한다

하얀 가운에 청진기가 잘 어울리는 말쑥한 그
무관심했던 낮의 몽상은 밀쳐두고
서두르는 밤, 노숙의 바다를 진료한다

바다는 비릿한 얼룩으로 수위를 높였지만
이제 홀로 버텨야 할 시간
앙상한 빛줄기가 미처 빠져나가지 못한
밤의 얼룩을 밀어낸다
빛이 놓친 편견, 조밀한 어둠이
표정 없이 사라진다

그는 열어보지 못한 캄캄한 어둠과 대치 중이다
무채색 하나로 결집한 안색들
빛에 그을린 동백은 노골적인 어지럼증을 호소한다

빛으로 열린 페이지는 못갖춘마디

밤의 잔상들이 어룽거려
심해에서 꺼낸 모서리가 수거된다

난해한 빛의 날개 활짝 펼쳐보지만
한 줌의 먼지처럼 덜컹거린다

무심한 듯, 무심하지 않은 듯
채울 수 없는, 풋사과 같은

이데올로기 풍선

소망과 바람의 방향을 입력하고
국경을 날아가는 풍선
순전히 제 안의 간절함으로 날아가는
비행

둥둥 바람이 이끄는 대로
평화를 연료로 달고 간다

바랄수록 바람의 길목은 엉키고
숨 막히는 내일을 표방하지만
수백 장의 난해한 갈등이 된다
이데올로기를 모르는 풍선은
한 무리의 난민처럼 전전긍긍
검증되지 않은 바람을 넘나들며
확신에 부풀어 오른다

안과 밖으로 나누어진 속수무책이
아슬아슬 위기를 끌고 온다

정처 없는 입, 귀 얇은 소망이

노골적인 위협에 노출되지만
붉은 땅 소용돌이를 건넌다

염원으로 빵빵해진 풍선
언제, 적이었나
k의 귀순 일대기를 듣는다

찡그림이 맛이 되었네

신 자두를 베어 물었을 때 찡그린 엄마
나는 배 속에서부터 주름을 가지고 왔다는데

그래서인지

소주 첫 잔에 오만상을 찡그린 아버지처럼
아 하고 상추쌈을 먹을 때처럼
찡그린 맛이 그리울 때가 있다

이마에 접힌 주름은 맛이 된다

오래 천천히 씹다가 이래저래 별수 없어 꿀컥, 목을 타고 넘어가는 찡그린 맛들, 억지로 삼킨 것들은 질긴 맛이다 애매모호한 눈빛과 아픈 감각으로 엉키는 병목, 어쩔 수 없었다고 겉도는 변명을 한다

찡그린 맛은 찡그린 채 맛보아야 한다

엄마의 맛은 이제 영역 밖이다

거꾸로 하늘

 무논에 물 대는 일 그건, 마른하늘에 물 대는 일이다 누가 촘촘히 박음질해 놓은 것 같은 그곳에 물을 대면 도미노처럼 넘어오는 하늘, 파랑의 물로 숨 쉬는 수생의 입들과 이제 막 초록의 꼬리가 돋는 앞산 자락과 주름놀이 하는 바람도 함께 들어간다

 물방울 바글바글한 것들 뿌리를 비집고 입을 오물거리며 지구의 한 표면을 베어 물고 있다 물렁해진 하늘을 갈아엎으면 아래위로 하늘에 퍼들대는 소금쟁이와 개구리들 뿌연 탁류는 뒤로 숨고 맑은 하늘이 그 위에 뜬다

 초록의 뿌리들은 산란한 하늘을 돌보고 지층의 표면인 공중이 출렁거린다 허리 숙여 모를 심는 아버지가 자주 아픈 허리를 펼 때 잠깐 허리에 들어 주물러 주듯 구름이 수면에 달라붙어 뭉클해진 하늘

 하늘이 땅이라서
 이맘때쯤 아버지의 초록 안부를 묻는다

계단참

잠시 쉬어가는 곳 계단을 눕힌다

그곳은 오름과 내림이
서로 비켜 가라는 곳
나뭇가지가 갈라지는 방식을 참고하여
한 방향이 다른 방향으로 바뀌기 전
이전의 방향을 맡겨 놓은 곳

오르고 오르다
되짚어 내려오다 나를 만나는 곳
흐르는 걸음이 돌을 만나
잠시 쉼표를 얻듯 소심한 사람과
몰아쉬는 한숨을 만난다

오름과 내림이 동일한 태도를 바꾸어
직선이 수평을 껴안는 방식

계단이 쉬는 곳에 참을 둔다
백 개의 사다리를 눕히는 마음으로
높은 것의 변명을 듣는다

가끔은 누가 내 속을 오르거나
또 뛰어 내려가는 중인지
늑골 어디쯤에
따끔따끔 숨찬 사람이 있는 것 같다

어제 본 계단참에선
시들어가는 손바닥과
말라 죽어가는 화분이 놓여 있고
경사가 노린 관절염의 뒷감당이 있었다

4부

빙하의 연보 낭만 화석을 반납 중이다

나의 기타, 나의 등대

 나의 손끝에는 3/4박자로 굳은살이 박였지 마음속에는 해당화 곱게 핀 외딴섬이 있고 외로운 등대지기가 환한 달을 빌려 물결 위를 비추곤 했지 그 노래 사이 칭얼대는 섬집 아기가 바다에 기대 잠이 들기도 했지 바다를 모르는 기타는 나의 등대였지 악보도 없는 캄캄한 밤, 3/4박자로 지나가는 등대의 불빛, 그 아련한 등광은 기타의 항로가 되곤 했지 자취방에서도 바닷가에서도 등대는 우리를 비추고 있었지 갈매기처럼 멀리까지 날 수 있을 거라고 쓸쓸했던 노랫말 속에 살던 아름다운 사람을 연주했지 기타를 끌어안으면 빛은 발광하고 수면 위로 뒹굴던 불안은 뒷걸음치기도 했지 어둠의 심연에서 튀어 오르는 하얀 포말들, 기타의 힘줄은 낡아 끊어져도 노랫말과 여운이 남아 입속에 맴돌지 부표로 나직나직 떠 있는 내 노래의 항로, 음표가 밤하늘에 부유할 때 별자리들이 빛나고 기타에는 등대들이 빛나지

당신의 온도는 몇 도입니까

점점 커지는 한여름에
겨울을 만나러 놀이공원에 간다
빙점을 낮추려는 모터는
쉴 새 없이 열기를 솎아낸다
여름 한가운데를 얼린 겨울
작은 빙하 하나 보자고
입장권을 끊고 털모자를 쓴다

시간이 겹겹 녹고 있는 빙하를 향해
비행기를 타고 북쪽으로 날아갔다
골마다 균열을 쪼는 측은한 진술들
저온으로 버티던 단면도 마침내 깍지를 풀었다
빙하가 사라진 잿빛 바위산의 외마디가 편편하다
빙벽을 찾아가는 길은 더 멀어졌고
비탈은 창백해졌다
지워지고 있는 극점들
극저온을 주고받던
만년은 기체로 공중 부양 중이다

사람을 뒤지다 사람에게 쫓겨난

배고픈 만년설이 있다
속은 가뭄이나 열대야처럼 메마르고
겉만 눈 덮인 멸종 직전의 북극
만년 밖 절규가 여기저기 떠돈다
살찐 등이 갈라지고
푸른빛 뒤채며 숨이 멎어가는 노인처럼
낮은 포복으로 천천히 사라지는 중이지만

두툼한 발과 흰털을 가진 겨울
빙하의 연보 낭만 화석을 반납 중이다

공중으로 봄

벽면 바깥에
얼기설기 공중의 뼈를 세운다
모든 안쪽은 바깥을 세워 아늑해진다
층층 끌어올리는 비계飛階
그 가설의 발판을 딛고
불안한 높이는 안전해진다
지퍼를 올리듯 층층 공중으로 솟고 있다
미어진 하늘이 흠집 없이 기워지도록
숨도 쉬지 말고 긴장하시길
안전띠 묶고 온몸으로 올을 살려내
한 땀 한 땀 덧대는 도비쟁이들
직물 같은 구름이
빈틈을 채우고 하늘 끝자락까지
누벼내겠다는 듯 길을 낼 때
틈을 채우는 눈송이가 날린다
어지러운 바다 위를 덮은 부직浮織
공중도 미끄러워진다
서녘에 붉은 빛살이 주르르 흘러내린다
볼트와 너트 모양으로 핀 얼음꽃은
녹지 않아 햇살마저 비켜 간다

저 단단한 멍울도
봄이 오면 활짝 만개할까
아슬아슬한 난간에 봄이 오고
단단히 조였던 겨울이 풀릴 때
공중은 비로소
반듯한 봄 한 칸 내어놓는다

확신

어느 집 평상 위
말리고 있는 고추를 보았다
고작 배추 한 포기도 물들이지 못할
소소한 양이지만
가을볕을 증명하고 있다
네 귀퉁이를 돌멩이로 눌러놓고
햇살의 말로 어루만지는
코끝이 매운 평상 한 평
꼭지 달린 햇살이 마르면
조롱조롱 씨앗들이 노는 소리가 난다

누구 하나 욕심내지 않는 곳
저 고추를 늘어놓은 손은
반 평도 안 되는 햇살을 빌리고 있지만
시간과 생각을 봉합하는 하늘의 소일거리다
배추 켜켜이 버무려져
겨울 내내 발효될 묵은지에서
매콤한 가을볕 맛이 날 것이다

두툼한 햇살 들여

가랑가랑 마른 고추가 되는 일은
저를 눌려 본래로 돌아가는 중이다
몇 날을 토닥이며
몸 비벼 쓰다듬던 손길은
제 모습대로 인정해주는 것

가까이 혹은 멀리 있어도
피고 지는 결마다
나를 내게 이르게 한다는 확신

바닥의 꿈

숨이 멎어가는 곳
흐르는 것들이 한 정점에서 멈춘다

단풍나무 밑에는
절박한 호흡이 수북하다
하나같이 망설이고 서성인
허공의 파장에 오그라든 손가락
아니, 안간힘으로 불안을 꼭 쥐고
이리저리 옮겨 다녔던
새 울음 파르르한 각주인지도

나무들의 가을걷이
나뭇잎 흔드는 일이 어디 공중뿐일까
바닥도 힘써 이파리들을 들썩이게 하지 않는가
쌀쌀해진 공중과 바닥이 서로 처지를 바꾸고
이파리를 주고받는 사이
아버지는 힐렁하게 말라가고
채 피지 못한 표정만 수런거린다

바닥의 시간은

파랑을 놓아버린 파문으로 뒹굴고

버석거리는 말들이 아버지를 돌본다
저기, 저기압이 고기압을 밀고 들어서면
새 부리 같은 말투가 엉킨다

공중은
바닥의 바닥으로 존재한다

감꼭지 표정

빈 듯 꽉 찬 듯 떨구어진 표정

난산을 견딘 자궁은 텅 비어
맞물린 목젖 빈 꼭지만 대롱댄다
나무의 속말만 들락거릴 뿐

태초에 감과 꼭지는 한 몸
허공중에 감꽃이 노랗게 피어
영역을 벗어나지 않았지만
어미는 은밀하게 꽃을 솎아내었다

무릎 꺾인 자리에 감이 봉긋 솟을 때도
엎드린 체념을 핑계 삼아 슬쩍슬쩍
분리 층을 만들었다

발가락 간질이는 풋감을 내려놓으며
어귀까지 뻗은 변명을 잠재웠고
튼실한 놈만 골라 키우는 냉정을 택했다

햇살이 마지막 입사각을 쏟으면

취향이 다른 몇 번의 선별을 거쳐
꼭지를 잠그는 어미

햇살의 목록이 작동하는
중력이라는 반경
난해한 질서가 포개진 자리
떨어지는 표정이 들킨다

개는 멀리까지 따라온다

내가 아는 무서운 개는
멀리까지 따라온다
뒤꿈치를 주인이라고 생각하는지
불안의 반경까지 따라온다
개는 그림자로 본심을 알린다는데
검은 혓바닥을 가진 개는 없다
나는 여전히 끈을 잡지 못하고
훌쩍 커버린 불안 앞에 도망치듯 달렸다

개는 나의 약점
꼬리를 흔들거나 감추며
구겨진 나를 길들이고 방향을 제시한다

어느 날 앨범을 뒤적이다 보면
나를 열지 못한 개는
내 안으로 들어올 수 없었다
순간 포착들이란 어색하게
무표정이거나 희끄무레한 안도가 고였다

나는 달리면서 얇아질 대로 얇아지고

개는 물러서지 않고 으르렁 짖는다
내가 겪고 버린 개들이
꼬리를 속이는 몸통을 흔든다

멀리까지 온 개와 조금 더 멀리까지 온 내가
말투를 바꾸어야 할 때

개 없는 목줄만 덩그러니 젖어
나를 아는 체한다

꽃밥

무딘 바큇살로 허공을 밀어낸다

바람의 속살을 부여잡고
꽃이 되기 위해 뒤꿈치를 들어 올린다
달리는 궤도에서 무작정 내린 그녀
물 마를 날 없이 속을 비운다
더 짙은 단심 그늘
짧은 잎자루처럼 지루한 날들

부둣가 허름한 골목에서
터득한 비법
새벽마다 부풀어 터지는 꽃잎으로
꽃밥을 차린다
간발의 차로 어긋나는 맛에 주저앉으며
탱탱한 꽃 둥글게 만다

저녁노을 종아리 퉁퉁 부어오르도록
종종걸음치며 내일을 준비한다
수시로 날벼락이 달려들어
물컵이 날아가고

새벽이 건들거리기 일쑤

밥심이 매일 매일을 눌러 적고
손가락이 쌓아 올린 풍미를 곁들인다
푸른 핏줄 이슬 고여 젖은 눈망울
날갯죽지로 파고드는 벌새

꽃을 매단 낡은 간판에
마른 얼룩이 찍힌다
햇살 건너가는 여린 발톱
내일 아침은 환한 꽃이 조식이다

어둠을 물리는 야간 경비원

그가 원통형 불빛을 쥐고
밤의 구석을 돈다
캄캄한 밤엔 발자국 소리가
비추는 곳마다 동그랗게 어둠이 둘러서 있고
불빛 속엔 아무도 없다

조명을 받아내는 작은 무대들
가끔은 여치나 나방 같은
밤의 일원들이 일시 정지한다

파랗게 뿜어내는 야행의 시력은
밤의 옹호론자여서
불빛 밖은 온통 그들의 차지

신발을 신지 않은 소리들은 **빠르다**

걷고 또 걷다 얻은 일이지만
마지막이라고 막아선 그 너머를
원통형 불빛으로 뚫는 것은
보람찬 일이다

〈
밤을 지킨다는 것은
어둠의 평화를 돌보는 일
점점 쌓여가는 새벽의 농도가
건물 사이 짙게 숨어들고
별들의 주위까지 순찰하고 나면
딸깍, 그의 어둠이 끝난다

여름 보관 방법

비가 그치고
움푹 파인 발자국에 물이 고여 있다
은사시나무 가지 하나가
푸르게 고인 음영을 휘저으면
흙탕물이 일어날 것 같다

누군가 진창을 빠져나가며
남겨 놓은 발자국 하나
그 틀에 주물을 뜨듯 고여 있는 물은
한 걸음을 보관하는
여름의 보관 방법이 아닐까

이윽고 물이 마르고 속을 비우면
햇살이 단단하게 들어찰 것이다
물렁한 진창은 흙 묻은 교훈을
바닥에 가라앉혀 놓고
맑게 고인 물로 힘껏 진창을 밟고 있다

세상의 길들은 죄다 밟히고 또 밟혀
번듯한 길이 되었지만

나를 끌고 온 걸음이
물렁한 흔적을 세우고 있다

주변은 온통 푸른빛 깜빡거리는
막바지 봄을 횡단하고
기특하다, 기특하다
비는 내려
끝내 진창을 빠져나간
발자국 하나 보관 중이다

눈물 그리는 오후

질문이 울음을 피웠다
소리를 없앤 투명한 물기
붉은 이슬 그리며
쉬 눈물은 그치지 않는다

슬픔은
씁쓸 짭짤하다

피를 탕진하고 농도가 묽지 않도록 수위를 설정하는 눈, 우울한 사람에게 넘치고도 모자란 물, 속을 허락하면 잔잔한 파문이 번져 성분이 다른 소통을 내민다 눈이 키운 눈물을 흘려 감정의 찌꺼기를 수거한다 눈물은 각오를 다지기에 좋은 재료, 넘치면 받아주는 속눈썹이 있다

반경이 짧은 눈썹은 중력을 온전히 감싸주지 못해 건조주의보에 난감한 병목이 된다 속 깊은 대화는 점멸되어 깜빡이고 푸념인 인공눈물 처치가 대안이다

조금씩 자라는 속눈썹
눈물은 처방전 없는 상비약

그해 여름, 하늘색 원피스는 나의 하늘

시간의 작전대로 프로그램은 완성되었다 선택하지 않은 옵션 가뭄과 장마 부연 설명이 필요 없는 병충해의 출몰이 있었지만 모처럼 풍년이다 도정을 마친 쌀을 마루에 쌓아 두고 오가며 쓰다듬었다 아버지의 발소리를 기억하는 것들

좌판에 쌀을 부린 아버지 고개를 갸웃거리는 상인과 굳히기로 한 꼬리 긴 흥정에 쌀은 하품을 쏟아냈다 국밥집 가마솥은 허연 눈물 쏟으며 식욕을 끌어당겼다 아버지 배에서 쪼르륵 소리가 났고 나는 빵집 인형집을 몇 바퀴나 돌았다

시간이 흐를수록 조급해지는 게임, 아버지 바짓가랑이에 불안이 칭칭 감겼다 숨이 찬 등고선은 더 이상 어쩌지 못하고 셈을 치렀다 아버지는 빈 손바닥을 몇 번이나 문질렀다 힘겨운 노동이 떠나가고 허한 손은 하늘색 원피스 앞에 초라하게 섰다

나비처럼 하늘거리는 원피스를 잡아 깡마른 내 몸에 걸쳐 보니 날개가 삐죽 튀어나왔다 아버진 처음으로 웃으셨다 그해 여름 그 원피스는 나의 하늘이었다

추위를 탁본하다

저수지로 12월이 든다

늦가을에서 쫓겨난 추위, 뜨끈한 아랫목 후후 불어가며 마시는 뜨거운 국물에서 빠져나온 추위들이 한 겹 한 겹 저수지 수면 위로 모여든다 밤은 언 심장의 두께를 보태고 한낮의 햇살은 맑은 물처럼 고였다 간다 한파가 탁본한 얼음, 저수지에 지붕이 생기는 철엔 미끄러운 곁들이 짝을 지어 찾아온다 날개를 접고 쾅쾅 마침표를 찍는다

철새들만 도래지가 있고 긴 이동이 있는 것이 아니다 질척이며 햇살이 놀았던 한낮의 툇마루도 밤의 속도만큼 깊어진다 외로운 사람들도 곳곳으로 내려앉아 두껍게 얼어가는 것이다

돌처럼 단단한 추위 속에도 화롯불이 있고 맑게 어는 다정이 있다 겨울 초입에 든 우리들의 저수지가 있다

너에게 이르는 길

비 오는 날
나무 아래 샛노랗게 핀 애기똥풀을 보았다
방싯거리는 모습이 너를 닮아
우산을 씌워주고 싶었지

꽃보다 더 고운 선물 같은 너
나에게로 건너온 너
눈 떠도 눈 감아도
마음이 쉬는 그늘이 되고
다시 일어서야 할 이유가 되고

개나리 톡톡 봄소식 가득 찬
오늘은 내 인생 최고의 날

꽃 진 자리가 의문을 발설해도
한도 없는 화해카드를 줄게
식지 않는 심장 멈출 때까지
사랑하자 우리

유행 타다 사람 타다

유행이 사람을 탄다
문득 거울의 질문에 머뭇거리는 복고풍
유행의 싱크홀에 빠진 사람들

같은 시간을 소비하는 신식과 구식이
번갈아 차려지는 기호로 파열음을 낸다

신식은 앞서지만 언젠가
구식에 가까워진다는 것을 모른다
유행을 앞세우고 내달리던 날
순식간에 바뀌는 유행에 낀 적 있다

된소리를 뚫고 신식이 튀어 오른다
나 때는 메뉴 라테로 바뀌고

덜 아문 세대는 가열된 그릇같이 목이 쉬고
골라 먹는 유행은
입 다문 솥기로 투덜거린다
돌아앉은 어제와
환하게 필 것 같은 내일은

서로 팔딱이는 패션을 내민다

엎치락뒤치락
정답 없는 문제가 너무 많아
유행은 때로 파격 세일을 한다

유행이여 무소의 뿔처럼

해설

건너가는 습관과 자세에 관한 시적 담론

이종섶(시인)

잘 엎드려야 비로소 앉을 수 있다

또 잘 앉아야 잘 설 수 있다

그러나 잘 엎드리는 일은
쉬운 일이 아니다

앉고 서고 눕는 일은
이 지구상의 습관이거나
종사하는 자세

부지런히 나를 엎드리는 중이다

끝내, 아무것도 남기지 않을 때까지
- 「건너가는 과정」 전문

한 권의 시집을 꾸릴 때 제일 앞에 배치되는 시의 성격에 대해 생각해본다. 보통은 짧은 시를 배치해서 가뿐하게 출발하거나 또는 시집 전체의 의미나 맥락을 생각해서 이정표와 같은 시를 배치하게 되는데, 이런 경우도 그 밀도가 얼마나 정교하고 촘촘한지를 가늠하면서 그 성격을 규명해 볼 수 있다. 이정희 시집 『하루치의 지구』는 후자에 해당되면서 그 차지하는 위치가 매우 의미심장하다. 단순히 제일 앞에 놓인 시라는 외적인 포지셔닝을 떠나서 시 전체의 중심으로 단번에 들어가는 일종의 중심 통로 같은 역할을 하는 내적인 포지셔닝을 형성하고 있기 때문이다.

짧은데도 많은 것을 함축하고 있는 시, 가벼운 느낌인데도 묵직한 깊이를 갖추고 있는 시를 보기란 그리 흔치 않은 일인 것을 감안한다면 이정희 시집의 첫 시 「건너가는 과정」은 그 자체로 매우 의미심장하다. 시의 제목에서 나오는 "건너가는"이라는 개념적 행위는 개인의 차원을 넘어선 인류의 보편적 행동 양식이다. 그것은 "이 지구상의 습관이거나/종사하는 자세"로 명명된다. "지구"를 등장시키는 필연적인 이유가 있는 것이다. 모든 자세의 출발이자 중심인 「건너가는 과정」은 "잘 엎드려야 비로소 앉을 수 있다"라는 화두를 던진다. 앉는 것이 안정인 동시에 성장을 대표하는 개념이라면 그 앉는 것을 위해 먼저 "잘 엎드려야" 한다고 정의한다. 서는 것이 목적이요 성취라고 한다면 그 서는 것을 위해 "또 잘 앉아야 잘 설 수 있다"고 한다. 결국은 엎드리고 앉고 서는 과정에서 다음을 위해 다음을 준비하는 것이 아니라 다음을 위해 이전을 준비하거나 현재를 준비하는 것, 바로 그것이 '엎드림–앉음'과 '앉음—섬'의 예비와 완성을 결정짓는 궁극의 행위가 된다.

"그러나 잘 엎드리는 일은/쉬운 일이 아니다". 왜 그럴까? 그 이유를 이 시에서 밝히지는 않는다. 다만 "앉고 서고 눕는 일은/이 지구상의 습관이거나/종사하는 자세"라고 규정하면서 그것이 "습관" 또는 "자세"에 해당되는 것임을 언급할 뿐이다. 이미 형성이 된 "습관"이거나 또는 현재적으로 "종사"하고 있고 또 해야 하는 "자세"라는 중요성이 내재되어 있기 때문이다. 또는 '습관이나 자세'는 한 번에 쉽게 정의할 수 있는 것이지만 그 '습관이나 자세'를 가지기까지 또는 그로 인해 무엇이 나타나기까지의 수많은 이유들에 대해서는 이후 이 시집을 통해서 끈끈하고 촘촘하게 규명하면서 정의할 것이기 때문이다.

그래서 바로 지금 해야 할 일이나 힘써야 할 것은 "부지런히 나를 엎드리는 중이"어야 한다는 것이다. 이유 여하를 막론하고 "끝내, 아무것도 남기지 않을 때까지" 계속 그렇게 해야 한다는 것이다. 이것이 바로 시집 전체를 관통하는 '엎드림–앉음—섬'에 관한 유기적이고 필연적인 '습관과 자세'다. 이것이 바로 "정해진 순서대로 사라지는 중"

(「가을을 흔드는 손」)인 세상을 버티고 이겨내는 행위로써 "건너가는 과정"의 핵심 개념이다.

> 세상에 내 편 하나 없다고 느낄 때
> 구석은 얼마나 웅크리기 좋은 곳인가
> 구석은 모든 난감의 안식
> 불가항력과 자포자기를 모색하기 좋은
>
> 벽을 마주 보고 앉는다는 말은
> 벽도 앞이 있다는 뜻이겠지
> 앞을 놓고 보면 깊은 뜻 하나
> 싹 틔우자는 뜻일 테고
> 귀를 틀어막고 등지고 앉으면 슬픔 가득한
> 밀리고 밀린 뒤끝이란 뜻이겠지
>
> 닭장 문을 열면 닭들이 구석으로 몰리는 것은
> 막다른 구석도 문이 될 수 있다고 믿기 때문
> 한밤중 옥상에 나가면 흔들리는
> 이곳저곳에서 붉게 빛나는
> 저 퇴로를 자신하는 구석들
>
> 어둠이 숨겨놓은 문이 있다고 확신에 찬 구석들

흐릿한 별들의 바탕, 무표정한 하늘

너무 먼 그곳을 구석이라 여기지만

한밤에 구석을 찾지 못해 우는 사람들

적막과 대치 중인 이 골목은

한 사람의 발등을 막 넘어선 구석

　　　　　　　　　　　　－「확신의 구석」 전문

「건너가는 과정」에서 선언한 '엎드림과 앉음과 섬'의 과정적 행위는 그 자체로 긍정적이거나 목표 지향적이라고 할 수 있다. 그러나 그것은 동시에 부정적 현실의 대항적인 타자가 존재한다는 것을 암묵적으로 전제한다. 엎드리고 앉고 서는 행위가 단순히 신체적인 행동만을 의미하는 것은 아닐 터, 그것의 존재적이면서 사회적인 함의를 상징하는 표현이라는 것을 인정한다면 엎드리는 것도 '무엇'이나 '누구'를 극복해야 하고 앉는 것과 서는 것 또한 그렇게 해야 하는 것이 자명하다. 그럴 때, 그런 환경에서 "세상에 내 편 하나 없다고 느낄 때"가 있다. "어제를 오늘 숨기고/즐거웠던 것들과 슬펐던 것들을/숨긴 곳에 또 숨"(「숨겨 피우는 꽃」)겨야 하는 바로 그런 때 "구석은 얼마나 웅크리기 좋은 곳"인지를 알게 된다. 모든 것의 출발이자 기본인 '엎드림'의 변형으로서의 '웅크림'은 "구석"에서 가질 수 있고 또 가져야 하는 절대적인 자세다. "구석은 모든 난감의 안식"을 제공하는 곳이요, "불가항력과 자포자기를 모색하기 좋은" 천혜의 장소이기 때문이다. 그래야 "빈곤한 구석을 뛰어넘"(「호기심을 키우는 힘」)을 수 있기 때문이다.

그 "구석"에서 깨닫는다. "벽을 마주 보고 앉는다는 말은/벽도 앞이 있다는 뜻이"라고. 멀쩡한 자세로는 알 수 없었으나 웅크려서 비로소 알게 되고 보게 되는 "앞"이다. "앞"은 필연적으로 '뒤'를 배경으로 삼는 법, 그 "앞"은 "싹 틔우자는 뜻"이고 '뒤'는 "귀를 틀어막고 등지고 앉으면 슬픔 가득한/밀리고 밀린 뒤끝이란 뜻"일 것이다. '앞과 뒤'는 순간 뒤바뀔 수 있는 영역이며 동전의 양면처럼 바로 붙어 있는 방향이기도 해서 "구석"에서조차 '웅크려 앉기'를 통해 뒤가 아닌 앞을 보고 앞을 선택하게 된다는 것, 바로 이것이 '구석—웅크림'의 조합이 가져다주는 "확신"이자 '확신의 조합'인 것이다. 그래서 "닭장 문을 열면 닭들이 구석으로 몰리는 것"도 "막다른 구석도 문이 될 수 있다고 믿기 때문"이라고 말할 수 있으며, "한밤중 옥상에 나가면 흔들리는/이곳저곳에서 붉게 빛나는/저 퇴로를 자신하는 구석들"이라고 "확신"할 수 있게 되는 것이다.

그러나 그 "구석"에도 "앞"이 아닌 '뒤'가 있어서 "앞"을 발견하지 못한 채 '뒤'만 보게 되는 사람들이 있다. "내일이 불안"(「책갈피에 꽂은 고양이」)한 그들에게 주어진 "구석"은 "어둠이 숨겨놓은 문이 있다고 확신에 찬 구석들"일 뿐이며 그들은 "너무 먼 그곳을 구석이라 여기"면서 "한밤에 구석을 찾지 못해 우는 사람들"이 될 뿐이다. "구석"에서 '웅크림'도 저절로 되는 것이 아니라 그 "구석"을 "건너가는" '습관이나 자세'를 온전하게 가져야 하는 이유가 여기에 있는 것이다. 그래서 "구석"은 "적막과 대치 중인 이 골목"으로 치환되고 "한 사람의 발등을 막 넘어선 구석"으로 나아가는 것이다.

 입을 꼭 오므린 가시
 속 끓인 증거다

 슬픔이 발효되어 무덤덤한 것들
 바깥을 향한 적의라고 여겼으나
 어수룩 벽을 세운 것이다
 제 속이 찔릴 것 같아
 서둘러 바깥으로 내보낸 것이다
 바람과 봄볕에 연약한 곳이 있어
 번갈아 따가운 봄
 알고 보면 가시들의 종류라는 것
 다 끝을 두겠다는 다짐이다

〈
가시에 갇혀 있는 편견들
그 끝부터 부서지겠다고
가장 얇게 갈아 둔 결연한 절규

안쪽을 모르는 가시들
간혹 적막한 속이 쓰리고 따갑다면
삼켜진 가시들이 서둘러
몸 밖으로 나오려는 징후다

어떤 꽃은 가시를 옆에 세워두고
꽃의 입구를 자처한다
꽃 피우는 비릿한 진통
외면당한 분절음에 숨어 녹는 울음

사람의 문을 겨냥할 때
속 끓인 가시 하나

― 「속 끓인 가시」 전문

「확신의 구석」은 "웅크리기 좋은 곳"이기는 하나 그곳에도 위험이 도사리고 있다. "입을 꼭 오므린 가시"다. 이것은 곧 "속 끓인 증거"의 외적 표시로서 "가시"와 '끓는 속'의 대응적 관계를 형성한다. 구석에서 속이 끓는 상황을 맞닥뜨릴 때 그것이 "가시"와 같음을 표현하는 것이다. "슬픔이" 약도 되고 힘도 되어야 하나 그 "슬픔이 발효되어 무덤덤한 것들"이 되고 말아서 자신이 가지고 있는 특정 감정을 "바깥을 향한 적의라고 여겼으나" 사실은 "어수룩 벽을 세운 것"에 지나지 않았다. 이것이 구석의 함정일까? 아니면 보이지 않는 늪 같은 것일까? "제 속이 찔릴 것 같아/서둘러 바깥으로 내보낸 것"을 뒤늦게 알아챈 그 때 "가시들의 종류라는 것"은 "다 끝을 두겠다는 다짐이"라는 것을 비로소 깨닫게 된다.

그래서 "가시에 갇혀 있는 편견들/그 끝부터 부서지겠다고/가장 얇게 갈아 둔 결연한 절규"를 곱씹어보는 것이다. "안쪽을 모르는 가시들"로 인해 "적막한 속이 쓰리고 따갑다면/삼켜진 가시들이 서둘러/몸 밖으로 나오려는 징후"라고 스스로 위무해 보기도 하는 것이다. "가시를 옆에 세워두고"서는 "입구를 자처한다"는 것이 불행의 단초였을까. "비릿한 진통"과 "외면당한 분절음에 숨어 녹는 울음"이 구석에 퍼진다. "문을 겨냥"하는 시선에 "속 끓인 가시 하나"가 뚜렷하게 보인다. "겉이 아니라 속이 커지는 것들"(「공전하는 것들의 여름」)로 자라가야 하는데도 불구하고 속이 커지기는커녕 그 속에 따끔거리는 가시 하나가 버티고 있으니 도대체 이 일을 어찌할 것인가. "오래 견디는 결

팝"(「오동도 그녀」)의 끝은 언제 찾아올 것인가.

    한 집안에서 가장 낮은 계급인
    걸레, 엎질러지고 더러워진 곳이라면
    가리지 않고 득달같이
    달려들어 닦고 훔치는 존재
    그런 걸레에게 꽉 쥐여 짜이고
    헹궈지는 변명들이 있다

    타인의 눈과 입을 통해
    귀로 발각되는 나
    더 높은 곳으로 밀어 올리던 까치발은
    온전히 나의 것이 아니다

    몇 개의 계급을 정해놓고
    돌려쓰기를 하는 사람들
    계급의 행간에 붙어 있는
    굴욕은 모르는 일이라고

    얼룩지고 더러워진 것 앞에서
    무릎을 꿇는 걸레
    〈

그날이 그날인 날들을 헹구어가며
남은 생이 재사용 된다
알고 보면 가장 맑은 물만 골라
헹구어지고 또 헹군다는 명분이 있다

그리 지워도 모르나 본데
지워지지 않는 얼룩들이 아직 남아 있어

– 「걸레정석」 전문

「확신의 구석」이 가지고 있는 부정적 속성으로써 「속 끓인 가시」가 있다면 그 「속 끓인 가시」의 현상적인 특징과 모습은 어떻게 나타날까. 내적인 것과 외적인 것이 다르지 않다면 「속 끓인 가시」라는 내적 특성이 외적 특성을 구현할 때 그 속성이 서로 같아야 함은 자명한 이치라서 그 문제가 「걸레정석」에서 나타난다.

"한 집안에서 가장 낮은 계급"은 "구석"에 다름 아니다. 그리고 그 "계급"에 속한 자는 "걸레"로 명명되며 "엎질러지고 더러워진 곳이라면/가리지 않고 득달같이/달려들어 닦고 훔치는 존재"로 정의된다. 그러나 여기서 정의를 다루기보다는 본의 아니게 이야기할 수밖에 없는, 아니 "변명"이라고 타박을 받거나 또는 강변하고 싶은 그 모든 것을 포함한 주장으로써 "그런 걸레에게 꽉 쥐여 짜이고/헹

귀지는 변명들이 있"음을 다룬다. 내가 말하고 내가 보여주면서 내가 말하고 싶은 것만 말하고 내가 보여주고 싶은 것만 보여주면 더할 나위 없겠으나 이 모든 것은 '계급과 존재'의 차원에서 애초부터 불가능했을 터, "타인의 눈과 입을 통해/귀로 발각되는 나"를 맞닥뜨리게 될 뿐이다. 이 얼마나 비루한 삶인가! 그동안 그렇게 애써왔던 "더 높은 곳으로 밀어 올리던 까치발은/온전히 나의 것이 아니"었단 말인가?

"몇 개의 계급을 정해놓고/돌려쓰기를 하는 사람들"은 강변한다. 아니 들어도 좋고 듣지 않아도 아무 관계 없다는 듯이 중얼거린다. "계급의 행간에 붙어 있는/굴욕은 모르는 일이라고" 아무렇지도 않게, 얼굴색 하나 변하지도 않으면서 "한 줌의 먼지처럼"(「등대가 홀로 피었습니다」) 되뇌인다. "오늘도 무사히 저녁 입구에 당도한 사내"(「장마」)의 독백 아닌 독백이다.

그럼에도 불구하고 "얼룩지고 더러워진 것 앞에서/무릎을 꿇는 걸레", 그리고 '무릎을 꿇어야 하는 걸레'가 있다. 이것이 걸레의 숙명이다. 이 숙명은 「건너가는 과정」에서 보여준 '습관과 자세'의 일종으로써, '걸레의 무릎'은 걸레가 건너가야 할 과정에서 필연적으로 습득해서 보여주는, 동시에 계속 보여줘야 할 습관이자 자세다. "가벼운 것들로 가득 차 무거워진 그는"(「가장」) "그날이 그날인 날들을 헹구어가며/남은 생이 재사용 된다"고 할지라도 이 자세는 변함이 없어야 한다. 그래야 습관이 되고 그 습관은 확정적 자세를 견지한다. 그것은 "바닥은 안 돼"라고 말하면서 "튼튼한 마디 골라/딛고 일어서는 맨발"이 표상하는 바, "오늘은 한 걸음 더 다가가 보자"(「이 계절을 능소화라 부를까」)라고 결심하는 것의 외적 자세이기 때문이다.

「확신의 구석」에도 「속 끓인 가시」에도 반대급부가 있는 것처럼 「걸레정석」에도 동일한 구조가 나타난다. "알고 보면 가장 맑은 물만 골라/헹구어지고 또 헹군다는 명분이 있다"는 것이다. 그 "명분" 하나로 계급의 수모를 견뎌왔으며 그 "명분" 하나만 붙잡고 존재의 밑바닥을 버텨왔는데, 그렇게 유일한 힘과 소망의 근거로써 "명분"의 위로가 주는 긍정 부정의 위로 앞에서 "속 끓인 가시"와 앞으로도 계속 '속을 끓여야 하는 가시'가 버티고 있는 것이다. "그리 지워도 모르나 본데/지워지지 않는 얼룩들이 아직 남아 있"다는 말은 어찌 보면 조롱일 수도 있고 계급에 의한 억압일 수도 있으며 찌르는 가시의 아픔일 수도 있다. 그러기에 계급 아래 있어야 하는 존재로서의 걸레는 숙명적인 건너감의 과정에서 자신을 갈고닦는 비기로써 이 말을 가슴 깊이 간직하며 오늘을 살아가야 하는 것이다. 그런 과정에서 "얼룩지고 더러워진 것 앞에서/무릎을 꿇는 걸레"가 되어야 할지라도, 마음의 무릎 나아가 존재의 "무릎을 꿇지 않겠"다는 말과 더불어 "나를 포기하는 일 따윈 없"(「카렌시아」)다고 결심하는 것이야말로 건너감의 참다운 미덕의 근간이라고 하겠다. 그런 사람이 바로 "끝내 진창을 빠져나간/발자국 하나 보관"(「여름 보관 방법」)하게 되는 것이다.

> 강물이 마른 후에 보았다
> 물속에 반쯤 잠긴 바위들은
> 그 반쯤의 무게로 제자리를 버틴다
> 줄다리기를 하는 양쪽 사람들
> 있는 힘껏 줄을 당기지만
> 발들은 끌려가지 않으려고 고정한다
>
> 버틴다, 몇 날을 버틴다
> 파도의 깨문 입술이 일그러지고
> 마지막 숨이 관통할 때까지 버틴다
> 제자리는 저마다의 중심이며
> 저쪽이 아닌 이쪽이라는 듯이
>
> 버티는 힘은 무엇을 넘기거나
> 끌어당기는 것이 아닌
> 아무 일도 없다는 듯 견디는 것이다

미동도 없다는 말은 지극히 버티고 있다는 뜻

　　소용돌이를 견딘 수심
　　아슬아슬 비켜 간 길목

　　얼마나 버틸지

　　거스를 수 없는 궤적이 덮쳐도 팽팽하게 조인다
　　꿈은 살아가는 것들의 숨

　　한순간도 포기를 포기한 적 없다
　　　　　　　　　　　　　　－「수심을 버티는 숨」 전문

　「확신의 구석」에도 「속 끓인 가시」가 있었고 그것을 대처하는 방식이 「걸레정석」에서 나타났다. 이것은 '구석-가시-걸레'로 이어지는 연속 과정 또는 하나의 유기적 연합체라고 할 수 있는바, 이제 "구석"에 이은 또 하나의 환경이 등장한다. 바로 "제자리"다.
　평상시에는 나타나지 않고 "강물이 마른 후에 보"게 되는 자리다. 이것은 비단 "강물"에만 해당되는 것이 아니다. 사람도 어떤 환경이 사라지거나 또는 어떤 환경이 닥쳐올 때 비로소 그 사람의 자리가 "제자리"였는지 아닌지가 판

명된다. 그때 "물속에 반쯤 잠긴 바위들은/그 반쯤의 무게로 제자리를 버"텼다. 어떤 일로 인해 "제자리"를 이탈하게 되는 사건이 발생할지라도 "발들은 끌려가지 않으려고 고정"하며 "버틴다, 몇 날을 버틴다". 자기 자리로써의 "제자리"는 그냥 저절로 얻어지거나 지켜지는 것이 아니라 이렇게 버티고 버티면서 이루어지고 지켜내는 것임을 보여준다. 이것은 「건너가는 과정」의 '습관과 자세'로써, 버티는 것이 "습관"인 동시에 "자세"임을 극명하게 드러낸다.

   동적인 생물체라면 건너가기 위해 "구석"을 사수하며 "구석"을 지켜내야 하듯이, 반대로 정적인 물체일지라도 – 아니, 여기서는 "바위"도 하나의 생물체로 등장하기 때문에 정적인 생물체라고 해야 적확한 대비적 표현이 된다– 건너가기 위해 즉 생존하기 위해 "제자리"를 사수해야 하는 것이다. 움직이는 물체는 움직여야 건너가는 것이고 이동하지 않는 물체는 이동하지 않아야 건너가는 것이기 때문이다. 그런 의미에서 비생명성을 가진 존재로 "바위"가 등장하나 그 "바위"야말로 "제자리"의 의미와 가치를 가장 극명하게 증명할 수 있는 생명성의 존재임을 알게 된다.

   '건너감'이 곧 '버팀'이 되고 '버팀' 또한 '건너감'이 되는 존재의 의미를 담보한 사물로써의 물체는 지극한 생명성의 원리를 간직하고 있어서 그 원리를 이루기 위해 혼신의 힘을 다한다. "깨문 입술이 일그러지고/마지막 숨이 관통할 때까지 버"티는 것이다. "제자리는 저마다의 중심"이라고 항변하면서! 그 "중심"을 잃어버리거나 벗어나게 되면 그 자리는 더 이상 자기 자리로써의 "제자리"가 아니라고 외치면서! 나아가 "저쪽이 아닌 이쪽이라는 듯이" 의연한 자세를 보이면서! 환경에 의해 밀려난 자리인 "저쪽이 아"니고 처음부터 지금까지 발을 딛고 살아왔던 존재의 자리로써 "이쪽이라는" 강한 습관에 의한 자세를 견지하면서!

그런 물체-생명체로서 겉으로는 단단하고 견고하거나 한편으로는 완고하고 고집스러운 면모까지 드러내면서 "제자리"를 지켜온 듯했으나, 사실 그 내면을 유지해 온 원리는 지극히 단순하고 유순하다. "버티는 힘은 무엇을 넘기거나/끌어당기는 것이 아"니다. "무엇을 넘기"는 순간 버티는 습관도 자세로 무너지고 만다. '무엇을 끌어당기는' 순간 버티는 습관과 자세는 변형되거나 변질되고 만다. 그래서 "제자리"를 지키는 대원리이자 대원칙은 바로 "아무 일도 없다는 듯 견디는 것이다". "미동"조차 하지 않는 것이다. 그럼으로 "지극히 버티고 있"음을 끝내 증명하고야 마는 것이다. 그 무서운 "소용돌이" 속에서도 견뎌내고야 마는 것이다.

그러나 「확신의 구석」에도 「속 끓인 가시」에도 그리고 「걸레정석」에도 있었던 것처럼 「수심을 버티는 숨」에도 동일한 위험이 도사리고 있다. "제자리"에서 밀어내려는 수많은 위협과 은근한 회유들, 그것들이 "아슬아슬 비켜 간 길목"이 보인다. "표류하는 하루를 안간힘으로 붙들고 버텨"(「하루치의 지구」)면서 잘했다는, 잘살아왔다는 안도의 한숨을 내쉬면서도 저것들이 시퍼렇게 두 눈을 뜨고 다시 달려들 것을 알기에 "얼마나 버틸지" 알 수 없어 긴장의 끈을 놓지 않는다. "거스를 수 없는 궤적이 덮쳐도 팽팽하게 조"일 수밖에 없다. "꿈은 살아가는 것들의 숨"이기에 그 "꿈"은 끝까지 "제자리"를 지켜내는 것이기에 결코 "포기" 하지 않기로 한다. "한순간도 포기를 포기한 적 없다"라고 정리한다. "세상의 틈 사이로 건너가"(「달을 건너는 창」)는 기록이다.

> 꽃을 매단 낡은 간판에
> 마른 얼룩이 찍힌다
> 햇살 건너가는 여린 발톱
> 내일 아침은 환한 꽃이 조식이다
>
> ―「꽃밥」 부분

상상인 시선 053

이정희 시집

하루치의 지구

지은이 이정희

초판인쇄 2024년 11월 1일 **초판발행** 2024년 11월 8일
펴낸곳 도서출판 상상인 **편집주간** 황정산 **펴낸이** 진혜진
표지디자인 최혜원 **기획·마케팅** 전은빈 최유림 노혜림 정현수
책임교정 종이시계 **편집** 세종PNP
등록번호 제572-96-00959호 **등록일자** 2019년 6월 25일
주소 06621 서울시 서초구 서초대로74길 29, 904호
전화번호 02-747-1367, 010-7371-1871
팩스 02-747-1877 **전자우편** ssaangin@hanmail.net

ISBN 979-11-93093-73-3 (03810)

값 12,000원

* 이 책은 전부 또는 일부 내용을 재사용하려면 반드시 저작권자와 도서출판 상상인의 동의를 받아야 합니다
* 이 도서의 국립중앙도서관 출판시도서목록(CIP)은 서지정보유통지원시스템 홈페이지(http://seoji.nl.go.kr)와 국가자료공동목록시스템(http://www.nl.go.kr/kolisnet)에서 이용하실 수 있습니다.